AF245414

JOURNÉE
DU DIX-HUIT FRUCTIDOR.

Un grand mouvement s'est opéré le 18 fructidor : la déportation de plusieurs membres des autorités constituées et de plusieurs écrivains, l'annullation des dernières élections de 53 départemens ; tels sont les faits qui attachent à cette journée un caractère qui en fera vivre le souvenir.

Examinons donc quelles en ont été les causes ; suivons-les dans leurs développemens, et voyons quel en est le résultat.

Un état ne se régénère point sans secousses. Les innovations politiques ressemblent la plupart aux inondations du Nil, qui dévastent un moment les campagnes pour y porter les germes de la fécondité ; et c'est-là l'image de notre révolution. C'est sur des ruines qu'elle s'est élevée : il a fallu qu'elle renversât la monarchie pour asseoir la République sur ses débris. Ce renversement salutaire heurta cependant des préjugés, froissa des intérêts divers ; il était donc dans la nature même des choses qu'il ne pût s'effectuer sans soulever des passions, sans allumer des vengeances.

Le royalisme entretint, irrita les mécontentemens ; et de là ces résistances, ces luttes que nous avons eues à soutenir, ces factions que nous avons eues à combattre. Sans doute tous les partis qui sont nés du sein de nos orages politiques, et qui en ont suivi le cours comme les reptiles suivent le cours des torrens, ne se rattachaient point eux-mêmes directement au royalisme ; mais le royalisme se rattachait à eux, comme à des auxiliaires dont il tirait avantage autant par leur défaite même que par leur triomphe.

Ce qui nous paraît donc constant, c'est que les amis de la monarchie ont conspiré sans cesse contre la liberté, et que leur conspiration quelquefois déjouée, mais jamais en entier détruite, a été par eux aussi-tôt reprise et continuée sans interruption. Aussi n'est-ce point de nouveaux complots que le 18 fructidor a éclairés et foudroyés ; ce ne sont que les fils renoués des trames rompues dans une journée de deuil pour l'humanité, mais nécessaire au salut de la patrie.

Remontons en effet au 13 vendémiaire ; et nous reconnaîtrons que quel que soit l'espace de temps qui le sépare du 18 fructidor, l'un et l'autre se touchent et se lient intimement.

A la première époque comme à la seconde, ce sont les mêmes acteurs qui figurent sur la scène ; c'est le même but auquel on tend.

Les mêmes acteurs. Quels sont ceux que vous voyez en vendémiaire ! Parmi les représentans, *Henri Larivière*, désigné comme *bon* par les royalistes ; *Boissy*, qui, pour mieux les servir, s'engage à écrire contre eux (correspondance de *Lemaître*) ; *Saladin*, que les déclarations subséquentes de *Duverne de Presle* signalent comme ayant des rapports directs avec un nommé *Hardenberg*, agent salarié de l'Angleterre. Parmi les ambassadeurs, *Barthélemy*, qui rappelle la constitution de 91, qui prédit que la nouvelle année verra tomber les régicides (correspondance de *Lemaître*). Parmi les journalistes, *Laharpe*, *Richer-Serizy*, *Lacretelle*, qui dirigent les mouvemens des sections (correspondance *idem*). Parmi les militaires, républicains, auriez-vous pu penser que dans les rangs des généraux qui tant de fois ont conduit nos armées à la victoire, il s'en trouvait un qui fût à-la-fois infidèle à sa gloire et à sa patrie ? Mais les pièces saisies dans le

orte - feuille de *d'Entraigues* ont dévoilé ce que nous
gnorions; c'est qu'ingrat et parjure envers la République,
Jaquelle il devait son nom et sa fortune, *Pichegru*
oulait alors d'une main parricide tourner contre elle les
rmes qu'il n'avait reçues que pour sa défense; et que
'il n'a point marché sur Paris, c'est que *Condé* s'est
pposé à l'exécution de ce projet.

Prenez maintenant la liste des traîtres que le 18 fruc-
idor a frappés; vous y retrouverez les noms de *Pichegru*,
le *Barthélemy*, de *Larivière*, de *Boissy*, de *Saladin*, de
Laharpe, de *Richer-Serizy*, de *Lacretelle* : or, cette
dentité de conspirateurs ne prouve-t-elle pas l'identité de
a conspiration !

Aussi le but auquel on tendait était-il le même, car
'emploi des mêmes hommes démontre l'existence des
nêmes desseins : et quel était ce but ! En vendémiaire on
onspire au nom du roi de Véronne; en fructidor, au
1om du roi de Blankembourg : ce sont donc toujours les
ntérêts de cet errant fantôme de monarque que l'on
tipule; c'est le trône que toujours on veut relever sur
es ruines de la République.

Et quels sont les moyens qu'on emploie pour y par-
venir ! Il faut encore remonter au 13 vendémiaire pour
lécouvrir le premier anneau de cette chaîne.

Dans le principe, le plan des agens royaux était
l'opérer tout-à-coup la contre-révolution à force ouverte,
en réunissant sur les bords du Rhin l'armée des émigrés
à l'armée de *Pichegru* : il avorta par l'opposition de
Condé. Un autre lui est substitué : ce n'est plus au-delà
lu Rhin, c'est dans Paris même qu'on veut faire proclamer *Louis XVIII* par les sections assemblées. Ici
'intrigue est à double nœud. En même temps que tous les
germes de sédition sont fomentés, que tous les brandons
de la révolte sont attisés, on se ménage un appui en
cas d'insuccès, en inoculant dans tous les corps consti-
tués le venin de la contre-révolution. On se croit alors
en mesure; on agit; on rassemble tous ses moyens : mais

il faut un prétexte pour éclater; on en trouve un dans les lois des 5 et 13 fructidor, qui devaient nécessairement déplaire aux amis du trône, parce que, conservant dans le Corps législatif les deux tiers des membres de la Convention, elles leur enlevaient l'espoir de le composer uniquement de leurs partisans. C'est la Constitution qu'on veut étouffer dans son berceau, et c'est pour sa défense qu'on paraît s'armer. Ce fut alors un spectacle étrange, que de voir les royalistes, qui jusque-là n'avaient parlé qu'avec irrévérence et mépris de la souveraineté du peuple, s'en proclamer les défenseurs par excellence, ne plus parler, agir qu'en son nom, la reconnaître pleine et entière jusque dans la plus petite assemblée primaire, et professer ainsi les principes du code de 93; eux pour qui le code de 91 serait encore trop républicain!

Cependant tous les élémens de discorde sont mis en fermentation : les prêtres allument les torches du fanatisme, les écrivains soufflent les feux de la révolte, les émigrés rentrent, la Vendée s'agite : le signal est alors donné ; l'étendard de la rebellion s'arbore, le glaive est tiré pour immoler les représentans fidèles et massacrer les républicains. Mais le génie de la liberté veille ; il vit au sein de la Convention, et la République triomphe.

Guerrier-magistrat que le 9 thermidor vit marcher à la tête de la force armée, tu la commandais encore en ce jour ; et ton courage était secondé par un héros alors naissant, dont une heureuse inspiration t'avait fait pressentir et deviner les hautes destinées. Tous deux vous avez vaincu au 13 vendémiaire, tous deux nous vous retrouverons au 18 fructidor.

Mais la défaite des révoltés n'anéantit point totalement leurs espérances. Nous avons dit que le plan était à double nœud, et le glaive n'en avait coupé qu'un : il restait aux conspirateurs la contre-révolution morale, qu'ils voulaient opérer en peuplant les administrations, les tribunaux, le Corps législatif même, de leurs agens ou complices.

(5)

Voyez aussi reparaître parmi les représentans, et *Vaublanc*, et *Dumolard*, ces deux athlètes si connus dans la première législature par leurs combats répétés pour la Constitution de 1791 ; voyez-y et *Larivière* et *Boissy d'Anglas* : et remarquez ici ce qui prouve l'accord des conspirateurs, l'étendue de leurs intelligences ; *Larivière* et *Boissy* sont nommés dans la moitié des départemens. Il était d'autres élus de *Louis XVIII* usurpant le titre d'élus du peuple : l'obscurité de leurs noms ignorés dans la révolution sert un instant à les cacher ; eux-mêmes ils se dévoileront à tous les yeux par leurs actions et leurs discours.

Mais le royalisme entend encore gronder sur sa tête l'orage du 13 vendémiaire ; il a pris dès-lors une marche souterraine. Il temporise, épiant l'occasion et les moyens de réparer l'échec qu'il vient d'éprouver. Il lui fallait sur-tout un point de réunion qui devînt pour lui comme un port après la tempête, où il pût rassembler les débris de son naufrage. Le club de Clichi s'organise : c'est là que les trames se renouent, que les rouages de la machine se remontent, que les fils de la contre-révolution se rattachent ; c'est là que se tient, en un mot, le véritable conseil d'état du roi de Blankembourg. Et lisez à cet égard la seconde déclaration de *Dunant:* « Nous » ne connaissons pas, dit-il, les membres du Corps » législatif qui sont de notre parti. *Lemérer* et *Mersan* » étaient nos seuls intermédiaires ; mais les autres sont » les membres de la réunion de Clichi, ou du moins » la plus grande partie de ceux qui la forment ».

Bientôt la première impulsion est donnée ; mais la journée de vendémiaire restait profondément gravée dans les cœurs ; on sentait que le souvenir qu'elle avait laissé devait gêner les opérations projetées : il importait donc de l'affaiblir et de le dénaturer. Des orateurs sont chargés de ce soin : ce n'est d'abord qu'avec réserve qu'ils attaquent la réalité de la conspiration ; mais les légers doutes qu'ils ne font que jeter en avant, sont des semences que les *fidèles* recueillent avidement pour les faire fruc-

A 3

tifier. La correspondance de *Lemaître* racontait tous les complots, nommait les fauteurs de la conspiration; il était connu que l'émigré *Maulevrier* commandait une des colonnes des rebelles : mais que font ces preuves ! Il entrait dans les vues des royalistes de faire regarder la conspiration comme imaginaire, afin de pouvoir la continuer avec plus de sûreté; et des tribunaux dociles à leur voix, des tribunaux qui jusques-là n'en avaient point contesté l'existence, déclarent qu'il n'y a eu en vendémiaire ni révolte ni sédition. Comme alors les espérances des ennemis de la République s'agrandissent! ils rougissent bien intérieurement de cette déclaration qui dément des faits constans, authentiques ; mais ils ne voyent plus de danger à conspirer, puisqu'ils ont des jurés tout prêts à nier leurs conspirations.

Alors rentrent audacieusement dans la lice les écrivains condamnés à mort en vendémiaire : ils renaissent pour exhumer les haines, rallumer les feux de la discorde, aiguiser les traits de la calomnie, saper tous les fonde-mens des institutions républicaines, déverser l'opprobre et la diffamation sur les magistrats les plus irréprochables, et repétrir royalement l'opinion publique.

Alors commence à s'exécuter entre les administra-tions et les tribunaux ce concordat, qui tend d'un côté à favoriser les émigrés, les prêtres réfractaires, à dé-goûter, à inquiéter les acquéreurs de biens nationaux, à opposer une force d'inertie à toutes les mesures du Gouvernement, et de l'autre à absoudre les égorgeurs, les contre-révolutionnaires, et à changer le glaive de la justice en un poignard homicide pour tout ce qui porte le nom de républicain.

Dans le même temps, l'anarchie s'agite; le royalisme sait irriter sa fureur. Et telle est ici l'horrible combi-naison de ses projets : si l'anarchie triomphe, elle ra-mène la terreur, et à la suite de la terreur le rétablisse-ment du trône. Succombe-t-elle; tous les amis de la liberté sont proscrits comme terroristes. Ainsi le succès ou la répression de ce nouveau genre de manœuvres lui est également utile ; et c'est ce qui démontre ce que nous avons établi en commençant, que si tous les partis qui ont agité la République ne se rattachaient point eux-mêmes directement au royalisme, le royalisme se rattachait à eux comme à des auxiliaires dont il tirait avantage autant par leur défaite même que par leur triomphe.

Quelle est aussi l'issue des entreprises de l'anarchie ? L'attaque du camp de Grenelle échoue ; mais la défection des furieux dont ils avaient pu eux-mêmes échauffer le délire et diriger les tentatives, ne sert qu'à fortifier les amis de la monarchie. Ils s'écrient que le royalisme dont on fait sans cesse un objet d'épouvante, n'est qu'un vain fantôme à l'ombre duquel se cachent les seuls ennemis qu'il faille redouter, les *terroristes ;* et sous cette dénomination ils comprennent tous ceux qui ont senti leur ame palpiter pour la liberté. Vos cœurs et vos mains sont purs : qu'importe ! vous avez servi la révolution ; vous n'êtes qu'un homme de sang et de proie qu'il faut proscrire.

Leur audace ne garde bientôt plus de mesure. Entendez *Lemérer*, avoué, ainsi que *Mersan*, par *Duverne-de-Presle*, comme l'intermédiaire habituel par lequel les agens de *Louis XVIII* correspondaient avec le club de Clichi ; il ne craint plus, au mois de fructidor de l'an 4, de désigner la Constitution de 1791 comme l'objet de ses regrets ; il ne craint plus d'insulter au triomphe que la liberté remporta le 10 août 1792 !

Rendons grâces toutefois à cette profession de foi indiscrète et prématurée : si elle valut à son auteur les reproches de ses partisans dont il avait trop tôt trahi le secret, elle dessilla les yeux des députés fidèles, qui depuis jusqu'au 1.er prairial, ne cessent d'opposer aux propositions contre-révolutionnaires, leur zèle, leur dévouement et leur majorité.

Le royalisme recula lui-même ainsi l'époque de son empire législatif ; mais toujours actif, il donna d'autres

A 4

directions à ses efforts, et s'appliqua à étendre, à multiplier ses réseaux pour enlacer de toutes parts la République. Les mesures politiques et les mesures militaires marchent de concert ; il travaille tout-à-la-fois et à préparer les élections, et à s'assurer d'une force qu'il puisse déployer au besoin. L'importance dont il pouvait être pour les conspirateurs de gagner les corps attachés aux différens services de Paris, ne leur avait pas permis de négliger ce moyen ; c'est au cœur que les assassins cherchent à frapper : mais ce moyen même tourné contre eux : leurs tentatives criminelles sont mises au jour, et *Brottier*, *Dunand*, *Lavilleheurnois*, sont arrêtés.

Ne croyez pas toutefois que cette découverte et cette arrestation abattent l'audace du royalisme : on dirait qu'elle ne fait que s'en accroître, tant il compte sur le nombre et la force de ses émissaires et de ses centurions. On ne conteste point ici, comme en vendémiaire, la réalité de la conspiration ; elle est reconnue, proclamée par les conspirateurs eux-mêmes, leurs aveux, leurs écrits en font foi : et cependant qui trouva jamais plus d'apologistes ! toutes les plumes des écrivains sont consacrées à leur défense ; le temple des lois, comme celui de la justice, semble devenir une arène où leurs partisans combattent à l'envi pour les soustraire à leurs juges. On reconnaît qu'ils sont prévenus d'embauchage, la loi veut que, comme tels, ils soient traduits devant un conseil de guerre, mais ces embaucheurs sont les agens de *Louis XVIII ;* on veut les enlever aux tribunaux militaires, dont l'action rapide n'offrirait point, autant que les formes lentes de la procédure ordinaire, les moyens de reculer leur jugement jusqu'à un moment plus opportun, ou de préparer leur évasion ; et le tribunal qui par sa nature est appelé à servir de régulateur suprême aux autres, sort lui-même du cercle qui lui est tracé, pour prendre part dans cette lutte scandaleuse ! il oublie et ses devoirs et les principes qu'il a lui-même professés antérieurement ! Rappelons-nous en effet l'affaire des émigrés naufragés à Calais : un jugement d'une commission militaire les acquitte ; il est dénoncé au tribunal de cassation, et ce tribunal déclare qu'il ne peut en connaître. Dans l'affaire de *Brottier, Dunan* et *Lavillekeurnois* au contraire, il se constitue compétent ; il s'arroge un pouvoir qu'il a déjà reconnu ne lui avoir point été conféré. Mais dans cette variation de principes, le but est toujours le même : il s'agissait en premier lieu de sauver des émigrés, et il s'agissait ici de sauver des conspirateurs royaux (1).

Ce vif intérêt qu'on avait manifesté pour leur salut, indiquait assez le zèle avec lequel on suivrait les instructions qu'ils avaient reçues de *Louis XVIII*. Aussi plus l'époque des élections approche, et plus la confiance des royalistes augmente, plus leur joie se trahit d'elle-même. Un torrent, pour ainsi dire, de nominations contre-révolutionnaires allait inonder les magistratures populaires : les républicains veulent y opposer une digue ; ils proposent de soumettre les électeurs à une déclaration civique. C'était donner au peuple une garantie que les hommes par lui délégués pour choisir ses représentans, ses juges, ses administrateurs, avaient lié leur sort à sa cause : mais le royalisme sent que ses agens vont être placés entre la loi et leur conscience ; il s'en alarme, et lutte contre l'adoption du projet. Qu'il se rassure cependant : ils feront la déclaration voulue ; mais ce sera leur bouche qui promettra fidélité à la République, et c'est à la royauté que leur cœur la tiendra.

Comme on se repose aussi sur les choix qu'on a préparés, on cherche d'avance à garantir aux nouveaux élus les places qui vont être leur partage ; et c'est ainsi qu'en floréal on propose (2) d'entraver l'exercice du droit que

---

(1) Ce tribunal n'est plus aujourd'hui le même ; il a été régénéré par le 18 fructidor.

(2) *André Dumont.*

Journée du 18 Fructidor.   A 5

la Constitution attribue au Directoire, de suspendre et de destituer les administrations.

Dans le même mois, une voix (1) s'élève audacieusement en faveur des émigrés, et réclame pour que, modifiant la législation qui les concerne, on change le mode de leur jugement. Ainsi déjà l'on méconnaît ouvertement la Constitution ; ainsi l'on ne respecte plus cette obligation qu'elle a si formellement imposée, *qu'il ne sera rien changé à la loi sur les émigrés.*

Ces tentatives, il est vrai, échouent devant une majorité saine et fidèle ; mais elles sont les préludes des coups plus marqués qui seront bientôt portés : elles annoncent que le moment est arrivé où le royalisme va se recruter de toutes parts, et envelopper plus que jamais l'enceinte de la République.

« *Dirigez*, avait dit *Louis XVIII* dans sa proclama-
» tion du 16 mars 1797, *dirigez les choix qui vont se faire,*
» sur des gens de bien, dont les vertus, les lumières,
» le courage *puissent nous aider* à ramener notre peuple
» au bonheur ».

Voyez aussi comme dociles à ces instructions paternelles les *fils légitimes* se sont répandus dans les assemblées. Ce ne sont plus ces royalistes qui depuis le commencement de la révolution s'étaient tenus à l'écart des places, ne les avaient regardées qu'avec indifférence et mépris ; ils n'aspirent aujourd'hui qu'à s'en rendre les maîtres, qu'à en faire leur domaine exclusif ; et par leur ligue impie, formant autour d'elles une barrière inaccessible, ils en repoussent avec outrage tous les amis de la liberté. Etes-vous acquéreur de biens nationaux ! avez-vous agi, écrit pour la révolution ! c'est un crime irrémissible qui vous marque du sceau de la réprobation. Approchez au contraire, approchez, vous parens d'émigrés, vous ci-devant privilégiés, vous qui sous la monarchie avez occupé des charges honorifiques ou lucratives : vos

---

(1) *Boissy.*

affections, vos intérêts se rattachent à l'ancien ordre de choses ; vous êtes donc les ennemis naturels du nouveau, vous devez donc nécessairement concourir à son anéantissement, soyez élus. En vain les républicains réclament ; les violences, les dénis de justice étouffent leurs voix courageuses. Faut-il ici dérouler le long tableau des attentats commis contre la liberté des suffrages ! là, vous verriez comment abusant de la crédule ignorance de l'habitant des campagnes, on substitue, sur le scrutin qu'il charge de rédiger, les noms des contre-révolutionnaires les plus décidés à ceux des patriotes qu'il était dans son intention d'élire ; ailleurs vous remarqueriez l'audace avec laquelle on prodigue l'injure, l'outrage, la menace à tous lés vrais amis de la Constitution : plus loin, ce ne sont plus seulement des menaces, ce sont les provocations les plus séditieuses, les scissions les plus scandaleuses, les voies de fait les plus criminelles ; et les lieux des assemblées sont devenus autant d'arênes sanglantes où le royalisme prélude aux combats plus sérieux que bientôt il va livrer à la République.

Ah ! toutefois détournons un moment les yeux de ces scènes douloureuses ; elles ne nous offrent que le triomphe de l'intrigue, de la corruption et du crime. Un spectacle plus doux appelle nos regards ; reposons-les sur nos armées. C'est là que nous retrouverons la patrie ; elle n'est plus ici, elle est toute entière où sont ses généreux défenseurs. Leur gloire est encore aujourd'hui, comme dans les temps abhorrés de la terreur, un voile brillant qui sert à couvrir notre dégradation intérieure ; et cette gloire achetée par tant de périls et de triomphes, ils ne la chérissent que parce qu'elle est le présage d'une paix prochaine.

Heureuse paix ! déjà ta seule annonce a rasséréné les cœurs, a vivifié le crédit public et raffermi le gage des créanciers de l'État. Tous les canaux de la prospérité vont donc se rouvrir parmi nous ! le calme va renaître sur cette terre agitée par tant d'orages !

Trop flatteuse illusion ! nous avons oublié que les

ennemis de la République veillent dans son sein ; nous avons oublié qu'ils ont envahi toutes les magistratures populaires, et qu'il n'est avec eux ni paix ni armistice.

Déjà le 1.ᵉʳ prairial est arrivé, et le nouveau tiers du Corps législatif est réuni. Sous quels auspices s'ouvrent ses séances ? Entendez ces applaudissemens répétés, ces acclamations triomphales, au milieu desquelles *Pichegru* est élevé à la présidence, et dans ce premier acte, produit en apparence de la plus parfaite unanimité, reconnaissez la perfide adresse du parti contre-révolutionnaire à se saisir des sentimens mêmes les plus opposés pour arriver au but qu'il se propose. Les patriotes accueillent dans *Pichegru* le général qu'ils ont vu commander avec gloire, et qu'ils aiment à croire encore fidèle ; les ennemis du Gouvernement lui donnent leurs suffrages par cela seul qu'il est destitué, et qu'avoir perdu la confiance du Directoire c'est avoir obtenu la leur : mieux instruits par leurs relations avec nos ennemis extérieurs, les roya- listes s'emparent de ces dispositions contraires, pour les faire concourir au succès de leurs vœux ; et dans *Pichegru*, qu'ils parviennent à faire proclamer président en l'offrant à chacun sous les traits qui lui plaisent, ils honorent, non, comme les premiers, le général quelquefois vic- torieux, non, comme les seconds, le général destitué, mais le général qu'eux seuls encore savent honteusement vendu à *Condé*, et dont la trahison a depuis été mise au grand jour par la découverte du porte-feuille de d'*Entraigues* et de la correspondance de *Klinglin*.

Ainsi le complice du chef des émigrés est, le premier, élu président de l'un des Conseils ! Ce choix ne sera pas une vaine démonstration de l'intérêt qu'on leur a voué. Le même jour on réintègre dans leurs fonctions les députés qui en avaient été suspendus comme unis avec eux par les liens du sang ; on les affranchit de la loi du 3 brumaire, qui conserve force et vigueur pour tous les autres citoyens : mais parmi ces députés sont *Mersan* et *Job Aymé* ; *Job Aymé*, l'un des fauteurs de la réaction royale dans le Midi ; *Mersan* , l'un des correspon-dans de *Louis XVIII*, avec le club de Clichi (déclaration de *Duverne-de-Presle*). On les rappelle parce qu'ils seront d'utiles auxiliaires ; et l'on éloigne en même temps ceux des nouveaux élus dont on redoute le patriotisme. On ne reconnaît de nominations valides que celles qui ont été faites sous l'influence et la dictée du cabinet de Blan-kembourg. L'intrigue royale s'empare donc de toutes les places : le Directoire serait-il la seule autorité qui lui échapperait ! non, si c'est parmi les traîtres qu'on a choisi celui qui le premier préside le conseil des Cinq-cents, il faut aussi placer au timon du Gouvernement un homme sur lequel on puisse compter ; et *Barthelemy* , dont les sen-timens d'opposition à la Constitution sont connus, *Bar-thelemy* , signalé par la correspondance imprimée de *Lemaître*, est nommé directeur.

On s'est assuré des postes les plus importans : alors l'action commence à s'engager. Renouvellement des ins-pecteurs, révision des lois militaires, révision des lois relatives à la liberté des cultes, révision des lois sur les émigrés, tout est proposé, tout est arrêté. On renouvelle les inspecteurs, pour en former un comité spécial de recherches ; on révise les lois militaires, pour écarter des places les soldats de la révolution, et n'y appeler que les créatures de l'ancien régime ; on révise les lois rela-tives à la liberté des cultes pour rétablir une religion exclusivement dominante ; on révise les lois sur les émigrés, pour en tourmenter les exceptions , et en tordre pour ainsi dire toutes les dispositions, afin d'en extraire le venin qui doit tuer la République. Des commissions vont se livrer à ces travaux ; mais pendant qu'elles agissent encore dans l'ombre et le silence, on provoque en public une dis-cussion dont le double objet doit être de jeter la déconsi-dération sur le Gouvernement, et de rallumer les haines et les vengeances. Il fallait attendre le 1.er prairial pour s'occuper des colonies, disait *Bourdon* (de l'Oise) dans la séance du 2 ; le jour est donc arrivé où la discussion est ouverte.

Voyez avec quelle complaisance les orateurs se promènent sur la plaine ensanglantée du Cap ; voyez comme ils vont rouvrir toutes les plaies qui commençaient à se fermer, comme ils vont fouiller parmi toutes les ruines, et remuer tous les cadavres pour les traîner en quelque sorte sur la place publique, et les étaler à tous les regards ! Ce qu'ils veulent ces nouveaux Antoines, c'est qu'à l'aspect de ce sang et de ces débris les imaginations s'enflamment, les cœurs s'irritent, et qu'imputant aux républicains les malheurs qui ont désolé S.ᵗ-Domingue, on venge ici, par leur assassinat, les assassinats commis dans les colonies ; ce qu'ils veulent, c'est que le Gouvernement, dénoncé dans la personne de ses agens, soit flétri d'avance, et signalé à l'opinion publique comme l'ordonnateur de ces scènes tragiques dont ses délégués ne paraîtront avoir été que les serviles exécuteurs.

Et comment douter de l'esprit qui préside à cette discussion ! Non-seulement on accuse, on veut encore fermer la bouche à ceux qui pourraient élever la voix en faveur des accusés : il n'y a, s'écrie *Dumolard*, que leurs complices qui puissent les défendre. Écoutez bientôt après un autre membre (1), et vous l'entendrez dresser l'acte d'accusation des Assemblées nationales précédentes ; vous l'entendrez déclarer que depuis cinq ans elles n'ont rendu que des décrets atroces.

Ainsi déjà l'on ne craint plus de faire ouvertement le procès à la révolution ; et de tous ces décrets qu'on déclare atroces, s'il en est un auquel on ne puisse pardonner, c'est celui sans doute qui a fondé la République : peu s'en faut qu'on ne le range dans le nombre des lois qu'on veut abroger comme révolutionnaires ;

---

(1) *Tarbé.*

tous les efforts du moins se réunissent pour anéantir cette République dont il a proclamé l'existence.

Déjà l'on compte sur les dispositions propices des esprits qu'on a préparés à recevoir le joug sous lequel on veut les replier : mais cette contre-révolution morale n'est encore qu'à demi consommée ; il faut qu'elle soit entière ; et les écrivains qui l'ont commencée, sont chargés de se remettre à l'œuvre. Quel zèle et quelle ardeur ils y apportent ! avec quelle coupable audace ils tournent contre la liberté elle-même le bienfait de la liberté de la presse, et changent en principe de destruction ce qui ne devait être qu'une source de vie !

Chaque jour ils vont desséchant de leur souffle impur tous les sentimens généreux ; chaque jour ils vont sapant toutes les institutions républicaines, éteignant toute idée de morale publique, diffamant le titre honorable de citoyen pour faire revivre les qualifications de la féodalité, s'attachant à toutes les vertus pour les décrier, à toutes les autorités pour les avilir.

Nos victoires, ils nous les contestent : la gloire du héros d'Italie s'éclipse, dans leurs feuilles, devant la gloire du héros de l'Allemagne ; ce n'est plus *Buonaparte* qui nous a donné la paix, c'est l'archiduc *Charles* qui nous a forcés à l'accepter ; et, vainqueurs, il semble que ce soit nous qui devions humblement recevoir les conditions que l'Autriche voudra bien nous dicter par leur bouche !

S'agit-il de rétablir le crédit public ! ils proclament les conquêtes de l'agiotage ; d'assurer la liberté des cultes ! ils prêchent l'intolérance, ils appellent une religion dominante, ils réveillent le fanatisme et la superstition ; ils raniment les plus honteux préjugés ; et, lâches apostats de la philosophie, ils invoquent le culte de leurs pères après avoir crié, avec *Voltaire* et *Diderot : Écrasez l'infame !*

Est-il question des émigrés ; il ne faut plus voir en eux des traîtres ni des rebelles, mais des fugitifs, innocentes victimes de la peur. Toutes les plumes sont consacrées à leur défense ; et ces journaux qui négligeaient les relations de nos triomphes, ou qui ne touchaient à nos lauriers que pour les flétrir, ne se remplissent plus que des bulletins qui leur sont fidèlement expédiés de l'armée de *Condé*. Que disons - nous ! c'est dans le camp même de nos ennemis que leurs auteurs vont chercher des collaborateurs ; et nous voyons *la Quotidienne* annoncer avec orgueil qu'elle compte *Mallet-Dupan* au nombre de ses rédacteurs. Tous ils agissent de concert, et tous ils reçoivent le prix de leurs services. Relisez la déclaration de *Duverne-de-Presle*, et remarquez-y cet aveu : « Vous sentez bien que nous avons payé plus d'une » brochure, que nous avons donné des articles à insérer » dans plus d'un journal, et fourni plus d'une fois de » l'argent à des journalistes ». Ainsi c'est le crime gagé qui défend le crime qui le salarie. En vain quelques écrivains patriotes opposent leurs courageux efforts à cette ligue de folliculaires stipendiés ; les coups ont été portés, l'esprit public a reçu le poison dont on voulait qu'il fût imbu, et l'on marche dès-lors à grands pas dans la route de la contre-révolution.

Le royalisme ne craint pas même de laisser apercevoir le nouveau point de contact qui va le rapprocher de l'anarchie. Le système par elle adopté dans des temps à jamais abhorrés, est par lui repris et continué ; il se promet des mêmes moyens les mêmes succès ; et comme c'est au nom même du peuple qu'à l'aide de pétitions grossièrement fabriquées dans le même atelier, les dominateurs de 1793 ont établi le règne de la terreur, c'est aussi au nom du peuple que, par des pétitions toutes honteusement empreintes du même cachet, il veut relever son affreux empire. Rappel des émigrés, rappel des prêtres réfractaires ; tel est le cri que répètent chaque jour une foule d'adresses, échos fidèles les unes des autres ; et bientôt il retentit jusque dans la tribune nationale.

Félicite-toi, Lyon, c'est de ton sein qu'est sorti le jeune et pieux défenseur des cloches et des prêtres réfractaires. Nourri dans tes murs à l'école des compagnons de Jésus, il en a toute la charité, toute la ferveur. Que d'actions de grâces lui seront rendues ! comme à sa voix l'espoir renaît dans l'ame de tous les fidèles !

« Monsieur, lui écrit de Milan un prêtre déporté,
» je ne vous traiterai pas de *citoyen*, parce que cette
» qualité, qui ne fait qu'une avec celle de *jacobin* et de
» *terroriste*, ne peut convenir au respectable défenseur
» de la religion ».

Un autre écrit de Sauliange : « *Camille Jordan* a fait
» un brillant rapport ; quoique je ne m'attende pas à
» voir un décret bien avantageux dans le commence-
» ment, c'est cependant gagner beaucoup que de gagner
» de l'incrédulité l'exercice d'un culte qu'il abhorre.
» Notre culte ne tardera pas à obtenir la domination
» qu'on ne lui donnerait point par décret ».

Bientôt aussi de nombreux essaims de prêtres affluent de l'Italie : en Suisse, on achète, au plus haut prix, des ornemens d'églises, pour les faire rentrer en France ; les prêtres ne craignent pas même d'annoncer aux adminis- trations leur prochain départ de l'étranger. M. *Vilner*, curé réfractaire, écrit de Fribourg aux agens et mem- bres de la municipalité de Saint-Aubin, département du Jura : « Les troubles ont retardé, à mon grand regret,
» mon retour auprès de vous ; permettez-moi, messieurs,
» de vous renouveler les sentimens de ma reconnaissance
» pour la conduite que vous tenez à mon égard. »

Si quelques uns plus timorés craignent encore de reparaître, ceux qui déjà sont rentrés les rassurent et les encouragent à suivre leur exemple. « Monseigneur, écrit
» l'un d'eux au cardinal de *la Rochefoucauld* à Munster,
» nous commençons à nous livrer aux sentimens d'une
» joie bien douce. Déjà votre éminence pourrait venir
» comme particulier ; le président de ce canton est un
» ancien conseiller en parlement ; les domestiques de
» mon frère sont les commandans de la garde nationale
» de sa commune. Ainsi jusqu'à présent tout me garantit
» la tranquillité dont je jouis dans ma famille. Je sais,

» monseigneur , que votre présence serait aussi utile » qu'elle est desirée. »

Et comment s'étonner de cette confiance entière, de cette entière sécurité des prêtres? Au dedans les autorités subalternes les protégent et les accueillent ; au dehors , des représentans infidèles les instruisent à l'avance des projets de résolutions qu'ils préparent pour ne les soumettre qu'après leur aveu.

« Nous avons reçu, écrit l'un de ces prêtres, la formule de soumission qui *va être proposée aux Cinq-cents.* » Dieu veuille qu'elle soit adoptée ! »

Les décrets rendus ne remplissent-ils pas encore tous les vœux ; on consulte sur les moyens d'en étendre l'application : et c'est toujours à des représentans qu'on s'adresse. *Denisot ,* ancien chapelain de l'hôpital d'Amiens , écrit à MM. d'*Harguins* et *Maillard,* députés de la Somme. « Je viens d'apprendre la sanction du décret qui permet » aux prêtres déportés de rentrer. Parmi ces prêtres, il » s'en trouve plusieurs qui ont été forcés de quitter » leurs paroisses avant le décret de déportation : on » demande quelles précautions ils doivent prendre pour » jouir du bienfait de la loi, et suppléer à l'acte de dé- » portation qu'ils n'ont pu obtenir ».

Camille Jordan reçoit du nommé *Montier ,* réfugié à Londres , les mêmes questions à résoudre : *Madier* est plus particulièrement chargé d'agir. « Il vous restera , » lui écrit-on, à faire valoir le certificat de déportation » de l'abbé, ce qui ne sera pas, j'espère , bien difficile, » d'après les nouvelles lois auxquelles vous avez con- « couru. »

Ainsi ces représentans parjures ne sont plus les représentans du peuple ; ils sont devenus les correspondans, les conseillers, les véritables députés du clergé.

Ils sont aussi les députés et les correspondans des émigrés. Quelle foule de preuves saisies chez eux-mêmes, ou dans les papiers de leurs complices, se pressent ici pour les accuser ! Là *Dumas* pousse l'extrême bonté jus-

qu'à prêter son contre-seing pour faciliter les communi-
cations du parti de l'intérieur avec le parti extérieur ; et
c'est par son intermédiaire, qu'un nommé *Hyacinte
Lamarre* transmet d'Aix-la-Chapelle ses instructions aux
agens qu'il a dans Paris. Ici deux chevaliers de Malte,
Dupail et *Alphonse de la Tourelle*, sont les objets de la
tendre sollicitude de *Dumolard* et de *Portalis*.

Plus loin c'est *Imbert-Colomès* qui reçoit de *Condé* la
lettre suivante : « Le roi a jugé à propos d'envoyer à
» Lyon M. *de Bésignan ;* je vous invite, monsieur, à le
» recevoir avec tous les égards dus à un homme honoré
» de la confiance de sa majesté. Je profite de cette occa-
» sion pour vous renouveler les assurances de la satis-
» faction de sa majesté, et de mon sincère attachement ».

Ailleurs, c'est *Vaublanc* qui s'intéresse à *Arthur Dillon ;*
c'est *Duplantier* que son ami, le chevalier *Médor*, presse
vivement de mettre tout en usage pour faciliter sa rentrée ; c'est *Doumere* qui rappelle d'Hambourg son fils,
qui depuis cinq ans a quitté la France.

Barthelemy n'est pas moins actif ; mais il est réservé
pour les actes difficiles : c'est *Chatenay de l'Anty*, c'est
Bezuchet du Harlay, attaché à *Louis XVIII* en qualité
de major des gardes, c'est la veuve de *Dupleix*, gou-
verneur de Pondichery, qui réclament près de lui radia-
tion de la liste des émigrés et restitution des biens.

Que si maintenant nous nous rappelons la loi qui
avait défendu l'ouverture des lettres venant de l'étranger ;
que si nous nous souvenons que le premier qui l'ait pro-
voquée dans la séance du 24 messidor, est *Imbert-Colomès*, principal agent de *Louis XVIII* à Lyon, comme
on l'a vu ; *Imbert-Colomès*, émigré lui-même, mais rayé
depuis prairial an 5, pour grossir dans le Conseil des
Cinq-cents le parti royal, qu'en conclurons-nous, sinon
que les traîtres ont par-là fait eux-mêmes l'aveu de leurs
criminelles intelligences avec nos ennemis, et qu'ils n'ont
enlevé au Gouvernement ce moyen de surveillance que

pour prévenir la découverte des complots que leur propre correspondance aurait dévoilés !

Précaution toutefois superflue ! La preuve de leur conspiration résulte de l'ensemble même de leurs actes. En secret, ce n'est qu'avec les émigrés de marque, avec des nobles et des chevaliers, qu'ils entretiennent des relations ; en public, au contraire, les laboureurs, les artisans semblent les seuls auxquels ils s'intéressent : mais il fallait enduire de miel les bords de la coupe empoisonnée ; et en ne paraissant plaider d'abord que la cause même des hommes du peuple, ils se sont ménagé les moyens de stipuler les intérêts de ses plus implacables ennemis. Ainsi bientôt on a généralisé la dénomination d'*ouvriers* ; ainsi sous ce nom sont rappelés les traîtres qui ont livré nos départemens du Rhin aux Allemands, et ceux qui ont vendu Toulon aux Anglais ; et par cette double trouée faite à-la-fois au nord et au midi, la France est de toutes parts ouverte aux irruptions des émigrés.

Voyez-les aussi se précipiter sur le territoire de la République, comme en 90 et 91 ils se précipitaient à Coblentz. Les passe-ports, les itinéraires, les faux certificats de résidence, s'envoient, se reçoivent sans obstacles ; tout est bon, tout passe. Les administrations, dociles au vœu des représentans royaux, ont dépouillé tout scrupule, ont mis bas toute réserve. Entendons à cet égard les émigrés eux-mêmes ; un d'eux écrit de Lyon à *Mallans* en Suisse : « Je vous parle franche- » ment ; vous n'avez pas plus de danger ici que dans » votre chambre, et madame la comtesse non plus ; elle » pourra obtenir, pour peu qu'elle veuille faire quel- » ques sacrifices, un certificat de résidence aussi long » qu'elle voudra, et enfin tout ce qu'il lui faut ».

Un autre s'exprime plus positivement encore : « La » manière dont nous avons voyagé, dit-il, était trop » désignée pour que personne ne sût qui nous étions. » Tout le monde se disait, *c'en est* ; et personne ne

» nous a dit la moindre chose. Ici c'est bien pis : lors-
» que j'ai été prendre un passe-port, la personne qui
» m'a présenté a dit qui j'étais, et d'où je venais ; pas
» une des autorités ne l'a ignoré ».

Et qui donc pouvait l'ignorer que les émigrés ren-
traient par-tout en foule, que par-tout en foule ils inon-
daient les départemens, lorsque le signal de leur rappel
était parti du sein même du Corps législatif, et que
chaque jour il était audacieusement répété ! Ce n'est
point assez, en effet, de leur avoir ouvert les portes de
Toulon et de l'Alsace ; il faut encore leur ouvrir celles
de l'ouest. Qu'ils justifient avoir porté les armes dans
la Vendée, qu'ils prouvent avoir été les soldats de
Charette, ou qu'à défaut de preuves écrites ils apportent
les dépouilles sanglantes des républicains qu'ils auront
immolés sur les bords de la Loire ; à ces titres ils seront
accueillis, enveloppés du voile de l'amnistie. Vous en
doutez ! lisez le projet présenté par *Pavie* dans la séance
du 23 thermidor ; et remarquez que la question préalable
n'en a fait justice que le 19 fructidor. Bientôt après,
on rend à leurs familles les biens sur lesquels le séquestre
avait été apposé ; on les leur rend pour grossir les forces
du royalisme, pour alimenter la caisse de la contre-
révolution ; et dans le même temps, tous les efforts se
réunissent pour détendre et couper le nerf du Gouvernement.

C'est par les finances, dit-on ouvertement, que la
monarchie a péri ; c'est par elles aussi qu'il faut que la
République périsse : et quelle ardeur on apporte à
l'exécution de ce nouveau plan ! Les domaines nationaux
offrent des ressources ; on propose d'en suspendre la
vente dans la Belgique, et d'en distraire à-la-fois et les
presbytères et les biens des chevaliers de Malte. Les
contributions pouvaient fournir d'autres secours ; le
Directoire provoque l'établissement d'une inspection
chargée de veiller à leur recouvrement : mais cette inspection devait activer l'inertie des administrations, opérer

des rentrées ; elle est rejetée. Le trésor public est sans moyens de traiter au comptant ; on tarit toutes les sources du crédit en reculant le paiement des marchés qui avaient été faits jusqu'alors, pour, par ce manque de foi, éloigner les particuliers qui se seraient prêtés à en conclure de nouveaux. On va plus loin ; on enlève au Gouvernement toute influence, toute surveillance sur les négociations financières : c'est la trésorerie seule qu'on veut en rendre maîtresse, lorsque ses commissaires ont été dénoncés comme ineptes ou prévaricateurs ; mais on veut l'en rendre maîtresse sous sa responsabilité, c'est-à-dire, pour que, déjà intimidée par des accusations, elle n'ose plus négocier. Cependant les besoins vont chaque jour croissant : les rentiers, les fonctionnaires sont sans paiement ; les armées sont sans solde, et ne vivent que de réquisitions ; la subsistance des prisonniers est incertaine, et le supplice de la faim va miner lentement les jours des malheureux jusque dans ces asiles que la pitié publique leur a consacrés. De nombreux et pressans messages présentent sans déguisement toute l'étendue du mal : comment y répond-on ? en grossissant le tableau des ressources, en mettant des aperçus illusoires à la place de la réalité, et en renvoyant les demandes à une commission qui les ensevelit dans la poussière de ses cartons. Consultons à cet égard un homme (*Thibaudeau*) dont les plus incrédules ne récuseront pas sans doute le témoignage. « Il y a, dit-il, dans la commission des » finances, une habitude de sécurité qui est inexplicable » avec les besoins qui nous assiégent. Elle reste muette, » elle ne propose aucune mesure ; elle croit qu'en s'en-» dormant de la sorte, les affaires s'arrangeront d'elles-» mêmes ».

La commission parait-elle enfin sortir de son sommeil ; elle fait mettre des fonds à la disposition des ministres : mais ces fonds, elle sait qu'ils n'existent que sur le papier, parce qu'on n'a rien fait pour le recouvrement des contributions, parce que la rentrée des émigrés et des prêtres a paralysé la vente des biens nationaux ; et cependant elle ose dire : Nous avons permis de disposer de telle somme. Comme si la presse qui imprime les décrets était un balancier qui frappât monnaie !

C'est ainsi que le Gouvernement, réduit au plus absolu dénuement, se trouve enchaîné et garrotté ; c'est ainsi qu'en le privant de tous principes de vie, on veut en faire un cadavre pour le mutiler plus sûrement. Et quelle est l'époque à laquelle on poursuit avec tant d'acharnement ce système de dissolution ! c'est au moment où des plénipotentiaires sont chargés de traiter, à Udine et à Lille, de la paix définitive avec l'Autriche et l'Angleterre. Qui ne voit donc ici le criminel dessein d'augmenter les prétentions des puissances étrangères, en nous montrant à leurs regards, comme affaiblis, épuisés, et désormais sans moyen aucun de résistance ! Dès-lors aussi les négociations ont pris un caractère de lenteur qui décèle l'espoir de nos ennemis ; dès-lors la paix qui souriait à nos vœux, s'est évanouie ; et c'est dans le sein même de la République qu'on a reporté le fléau de la guerre.

Oui, déjà la guerre existe parmi nous ; et quelle guerre ! une guerre aussi fatale que la guerre extérieure a été pour nous heureuse et glorieuse. Au dehors, le nom de républicain a imprimé à toute l'Europe le respect et l'admiration ; au dedans il est tellement avili qu'on ose à peine le prononcer : que disons-nous ! il est devenu un titre de proscription.

Les acquéreurs de biens nationaux sont les premières victimes désignées aux poignards ; c'est à main armée qu'on les chasse de leurs propriétés ; le fer et la flamme sont tour à tour déployés contre eux. Dans la Manche, on égorge des cultivateurs, on incendie leurs habitations, et l'on place sur leurs portes cette affiche : *Au nom du roi et de la religion.* Dans le Gers, l'effroi s'est tellement emparé des adjudicataires, qu'on les voit déclarer qu'ils ne paieront plus leurs domaines, parce qu'ils ne sont plus sûrs de les conserver. Dans la Drôme et l'Isère, ils n'ont plus d'autres ressources que de former des associations pour repousser la force par la force.

Les chauffeurs viennent se joindre aux bandes des assassins royaux. Le brigandage, par-tout impuni, va croissant par-tout dans la progression d'un vaste incendie. La gendarmerie pouvait y opposer une digue salutaire; on la désorganise, on la licencie pour en écarter tous les soldats de la révolution, et n'y appeler que les serviteurs de l'ancien régime.

Et si vous osez les dénoncer, ces affreux assassinats qui semblent avoir fait de la France un vaste champ de carnage, on vous objecte la légitimité de la vengeance. N'est-elle pas, dit *Camille Jordan* dans la séance du 16 messidor, n'est-elle pas jusqu'à un certain point digne de pardon et d'excuse! Les voilà donc ces hommes qui s'étaient institués les apôtres d'un Dieu de paix! ce sont eux qui légitiment et sanctifient le meurtre!

L'épouvante s'est aussitôt emparée des cœurs : on ne doute plus que les cadavres des républicains ne doivent être les degrés sanglans du trône de *Louis XVIII.* Les citoyens effrayés se rassemblent : le droit leur en est interdit ; les réunions les plus pacifiques sont prohibées et proscrites. Cependant l'alarme a retenti jusque dans les camps ; nos défenseurs ont aperçu les dangers qui menacent la liberté, la liberté qu'ils ont payée de leur sang et consolidée par leurs triomphes immortels. Leurs voix courageuses se font entendre; mais les épanchemens patriotiques de leurs ames, on les transforme en cris de sédition. On repousse, on flétrit comme illégale, la manifestation de leurs sentimens généreux, et l'on accueille les adresses des administrations, qui violent elles-mêmes la Constitution dont elles paraissent prendre la défense, puisqu'elles sortent du cercle qui leur a été tracé, en correspondant avec les armées, et en correspondant en nom collectif.

On vit aussi, après la journée du 20 juin, les administrations s'empresser de voter des adresses pour faire preuve au roi de leur obéissance entière, de leur entier dévouement, elles voulaient alors prévenir l'explosion du 10 août. Aujourd'hui, elles ont repris la même marche ; mais ce n'est plus pour empêcher, c'est pour préparer, pour accélérer le 10 août qu'on médite contre la République.

Une révolution mille fois plus sanglante que la première, semble en effet sortir par tous les pores du corps politique. Le royalisme ne garde plus de mesure ; il attaque à-la-fois et les généraux, et le Gouvernement ;

Les généraux : ici, c'est le pacificateur de la Vendée, à la gloire duquel il ne craint pas d'insulter ; là, c'est le héros d'Italie, à qui il ose faire un crime d'avoir vengé le massacre des Français égorgés à Véronne, et de n'avoir pas réprimé l'élans des peuples voisins vers l'indépendance. Il fallait sans doute, au dehors, comme au dedans, ne laisser de libre que le fer des assassins, et par-tout étouffer les germes naissans de la liberté, comme on voulait nous en arracher ici les fruits ;

Le Gouvernement : il est en butte à tous les traits. On a jusqu'ici miné sa puissance, et on l'accuse de faiblesse ; on l'a dépourvu de tout moyen d'action, on l'a pour ainsi dire enchaîné dans les langes du besoin, et on l'accuse de ne point agir. Agit-il ? on entrave sa marche, on lui conteste tous ses droits. Il a destitué des ministres : aussitôt les plus violentes dénonciations retentissent à la tribune, lorsqu'il n'a fait qu'user d'une faculté que la Constitution lui donne : on se proclame les défenseurs des ministres renvoyés ; on leur rend de solennelles actions de grâces ; et de ces félicitations qu'on leur prodigue, on fait rejaillir sur lui le blâme et la déconsidération. Bientôt on ne dissimule plus l'intention de l'entraîner dans les liens d'une accusation en forme. Une séparation avant-courrière de l'égorgement, est établie entre ses membres ; deux d'entre eux se sont criminellement rangés du parti des conspirateurs ; ils sont par-tout honorés et célébrés : mais ceux qui sont restés fidèles à la République, on les a voués à l'exécration, on ne les désigne plus que sous le titre affreux de *triumvirs*, et leurs noms sont inscrits sur les tables de la mort.

Dans ces circonstances, on apprend que des troupes sont en marche. Qu'elles eussent été destinées à contenir par leur présence l'audace chaque jour croissante des contre-révolutionnaires, encore n'eût-on pu voir dans leur appel qu'un acte vraiment civique ; cependant le bruit public lui-même annonce qu'elles se rendent à une destination lointaine : mais pour s'y rendre elles ont dû rentrer dans l'intérieur ; on suppose aussitôt qu'elles ont dépassé la ligne constitutionnelle. En vain il est géométriquement prouvé que le lieu le plus rapproché de Paris où elles aient pénétré est en dehors des limites fixées ; on persiste dans ces suppositions mensongères pour avoir un prétexte d'éclater contre le Directoire, et pour cacher derrière le fantôme d'alarmes imaginaires une conspiration réelle et flagrante.

Une conspiration réelle et flagrante, avons-nous dit, et qui pourrait en nier l'existence ? qui pourrait ne la pas reconnaître aux funestes et redoutables symptômes qui se manifestent de toutes parts ?

Voyez la commission des inspecteurs érigée en comité spécial de recherches, en nouveau comité de sûreté générale, voyez-la par-tout étendant sa correspondance, établissant par-tout des intelligences, s'arrogeant sous la direction de *Pichegru* la surveillance de la force armée ; et, sous l'influence de *Rovère*, instituant une contrepolice chargée de neutraliser l'action de la police générale (1) : elle est devenue le régulateur suprême de tous les mouvemens, elle a envahi toutes les attributions des diverses autorités ; le Corps législatif lui-même semble avoir disparu devant ce pouvoir extraordinaire : et cepen-

______

(1) Consultez, sur ces faits, les rapports mêmes de *Pichegru*, de *Willot* et de *Larue*.

dant on veut élever une autorité plus monstrueuse encore ; on provoque l'établissement d'un nouveau tribunal révolutionnaire, la création d'un nouveau *Fouquier-Tinville* (1).

Malheureux républicains ! on trouve que les chauffeurs, que les émigrés, que toutes les bandes des égorgeurs royaux n'ont point encore assez éclairci vos rangs ; et c'est du glaive de la loi même qu'on veut s'armer comme d'un poignard pour vous immoler plus sûrement !

A cet appareil de poursuites judiciaires se joint l'appareil plus formidable de la guerre : on organise la garde nationale, on rappelle les grenadiers et les chasseurs de vendémiaire ; on renforce la garde du Corps législatif, de cavalerie et d'artillerie.

Dans le même temps, les départemens deviennent le théâtre des armemens les plus précipités.

A Tours, on rassemble des munitions, on enrôle pour l'armée royale, et les enrôlés reçoivent 40 sous par jour. Il existe, à cet égard, une déclaration faite devant le département d'Indre-et-Loire.

Dans les environs d'Autun, on distribue les armoiries nouvelles du prétendant ; dépôt en a été fait à l'administration municipale.

A Rouen, un nommé *Raoul*, de Bourbes, recrute au nom du roi ; il est arrêté, et l'on trouve sur lui des originaux d'engagement sur lesquels il est écrit de sa main, *Vive Louis XVIII.*

A Marseille, à Entreveaux, au Fort-la Victoire, au Fort-Barbe, à Nantes, à Auxonne, à Belfort, au Polygone, à la Fère, on enlève 7,537 livres de poudre, 25,685 cartouches ; et cinq pièces de canon sont emportées des villes de Maëstricht et d'Anvers.

Une commotion générale se fait alors sentir ; un trouble inquiet a saisi tous les esprits, une fermentation sourde les agite. C'est l'Ethna, dirait-on, qui sent bouillonner dans ses flancs le bitume et le soufre brûlans.

____

(1) Projet présenté par *Thibaudeau.*

Présages trop certains de la crise qui, de moment en moment, menace de faire explosion !

Déjà de nombreux rassemblemens ont paru sur divers points de la République ; les assassins ont repris leurs glaives fatigués, mais non rassasiés de meurtres. Le chant de la mort est substitué à notre hymne triomphal ; les cris de *vive le roi* se mêlent aux cris du *Réveil du peuple.* L'uniforme de la chouannerie insulte publiquement à l'uniforme national ; une jeunesse audacieuse ne marche plus, dans Paris même, qu'armée de pistolets. Des rixes sanglantes se sont bientôt engagées ; des militaires en ont été les victimes, et le royalisme compte avec une joie féroce le nombre de ceux qui ont péri ; il se fait des trophées de leurs cadavres. On craint toutefois l'indignation des défenseurs de la patrie ; mais les éloigner ou les corrompre, sera la tâche des députés conspirateurs. Les éloigner : lisez la loi qui frappe de suspicion tous les officiers réformés, et qui les condamne, pour prix de leurs services, à un exil infamant. Les corrompre : lisez la lettre écrite aux inspecteurs, le 3 fructidor, par le commandant *Ramel* lui-même : « On veut, y dit-il,
» faire des militaires qui composent votre garde, des
» hommes de parti ; les inquiétudes de quelques députés,
» les différentes interpellations qu'ils font trop souvent
» aux grenadiers, les craintes qu'ils manifestent sur les
» intentions qui les animent, ne peuvent que produire
» les plus mauvais effets, et amener des résultats qu'il
» est impossible de calculer ».

Il n'est donc plus douteux que la corruption ne travaille à pervertir l'esprit des troupes ; il n'est plus douteux qu'il n'existe un parti qui veut les entraîner dans ses rangs. Les entraîner ! non, jamais elles ne connaîtront d'autres drapeaux que ceux de la patrie ; elles seront fidèles à leur gloire et à leurs sermens. Les conspirateurs eux-mêmes ont cessé de compter sur leur appui : ce n'est plus dans la séduction, c'est dans leurs propres forces qu'ils ont placé leurs espérances.

Leurs forces ; elles se composent de l'exaltation de tous les mécontentemens par eux ranimés, du réveil de toutes les discordes par eux alimentées, de l'audace effrénée des écrivains par eux soudoyés, de l'affluence des émigrés et des prêtres réfractaires par eux rappelés, de la dispersion des républicains par eux voués à la proscription. Toute retenue dès-lors est mise à l'écart ; on ne cache plus les dispositions hostiles dont on est animé, et c'est ouvertement que se font tous les préparatifs de guerre. La commission des inspecteurs devient le comité central d'exécution. Là des registres d'enrôlement sont ouverts ; là se distribuent des bons pour la délivrance des armes ; là se distribuent des cartes timbrées *Corps législatif*, et marquées d'un *R*, pour servir de signes de reconnaissance aux conjurés ; là se concertent les plans d'attaque ; là se dressent les listes des victimes qui doivent être immolées ; là se rassemblent enfin tous les matériaux du vaste incendie qui doit embraser la République.

Encore un souffle, et l'embrasement éclate.

La Constitution, achetée par tant de maux et de sacrifices nous sera-t-elle donc ravie ! le sang de nos défenseurs aura-t-il inutilement coulé pour elle dans les combats ! leurs cendres seront-elles ignominieusement jetées au vent, au lieu d'être honorablement recueillies par la patrie reconnaissante ! nos mains libres redeviendront - elles esclaves ! Loin de nous ce tableau ; ce n'est plus que le songe de la tyrannie ! Le génie de la liberté veillait, vous veilliez avec lui, membres fidèles du Directoire et du Corps législatif, vous suiviez les pas des conspirateurs ; vous avez vu leurs mains impies prêtes à consommer le crime, et les traîtres ont été saisis dans l'antre même de la contre-révolution.

La nuit couvrait de son ombre leurs affreux complots : le jour a lui ; et il éclaire le triomphe des républicains.

Heureux triomphe ! aucune tache, aucune goutte de sang ne l'a souillé !

En vain les complices des conspirateurs s'efforceraient de flétrir et de dénaturer le 18 Fructidor : sa nécessité, son caractère, ses résultats parleront plus fortement.

Sa nécessité : Nous vous avons montré les conjurés armant, levant leurs bras pour nous frapper ; fallait-il attendre que leurs glaives se fussent enfoncés dans notre sein ! nous vous avons montré l'abîme qui se creusait, qui s'ouvrait sous nos pas ; fallait-il attendre qu'il nous eût englouti ! Attendre ! ah ! quelques jours encore, et la liberté était dans le tombeau ! Voyez comme tout-à-coup apparaissaient à-la-fois les bandes royales ! voyez l'armée de *Saint-Christol* arborer l'étendard de la rebellion ; voyez-la marcher ; combattre au nom de *Willot* et de *Pichegru*, piller les caisses publiques, intercepter les routes, et s'emparer de vive force de la citadelle du Saint-Esprit ; voyez les mouvemens dont la Corse devient en même temps le théâtre ; voyez-y les révoltés s'y rallier au nom du roi et de la religion. Ainsi par-tout, au même instant, le royalisme éclate. Nous avons éclaté, nous avons dû éclater avec lui, pour prévenir ses parricides attentats, et sauver la République qu'il allait anéantir.

Son caractère : Les actes mêmes qui ont accompagné ce grand événement sont les signes auxquels nous le reconnaîtrons.

Lisez d'abord la proclamation publiée le jour même par le Directoire.

« Tout individu qui se permettrait de rappeler la » royauté, la constitution de 93, ou *d'Orléans*, sera » fusillé, conformément à la loi.

» Les personnes et les propriétés seront protégées. » Tout pillard sera fusillé sur-le-champ, suivant la loi ».

Entendez ensuite ces paroles qui retentissent de la tribune nationale : *Malheur à celui qui songerait à redresser les échafauds !* (1)

---

(1) Rapport de *Boulay* (de la Meurthe), dans la séance du 18 Fructidor.

Ce n'est donc ni l'anarchie ni la terreur qu'on veut rétablir ; ce n'est point du sang que l'on demande ; celui même des conjurés est épargné. Vivez , leur dit-on , mais sortez d'un pays dont vous avez cherché criminellement à détruire les lois : vivez, mais quittez le sol de la liberté ; allez habiter une autre terre. Est-ce ainsi qu'ils auraient agi s'ils avaient été les vainqueurs ! Les ruines de la Constitution , les cadavres de ses défenseurs ; tels eussent été les trophées de leur triomphe : celui des républicains est marqué par la justice et l'humanité ; la justice, qui commande des mesures de rigueur , et l'humanité qui sait les adoucir sans nuire à la sûreté de l'État.

Ses résultats : Ici viennent expirer toutes les préventions , toutes les calomnies. Que nos ennemis le peignent comme un acte révolutionnaire : une révolution entraîne un déplacement de pouvoirs ; et tous les pouvoirs ont conservé la place qui leur est marquée, tous ils agissent dans les limites qui leur sont prescrites. Les deux Conseils continuent de délibérer séparément, et d'exercer respectivement le droit qu'ils ont l'un de présenter les projets de loi, l'autre de les approuver ou de les rejeter. Le Directoire ; rien n'est innové ni dans son organisation, ni dans ses attributions. Dans son organisation ; il reste composé de cinq membres : dans ses attributions; il reste uniquement chargé de la puissance exécutive.

Non , rien n'est changé, mais tout s'est affermi, tout a pris une nouvelle vie.

Voyez le Corps législatif, purgé des amis du trône et rendu à lui-même , verser par des lois républicaines un baume consolateur sur les maux de la patrie ; voyez le Gouvernement, affranchi des entraves qui gênaient sa marche et paralysaient ses mouvemens, s'avancer d'un pas ferme dans la carrière du bien public ; voyez-le, dans l'intérieur, enchaîner tous les partis , réprimer tous les excès, rétablir l'ordre, assurer le calme , ranimer la confiance; et replaçant au-dehors la France dans le rang que les triomphes de ses défenseurs lui ont assigné, fixer enfin les indécisions du cabinet de Vienne, mettre un terme aux lenteurs des négociations, et couronner la journée du 18 fructidor par le traité de Campo-Formio.

La paix ! elle s'était éloignée de nous depuis que les élus de *Louis XVIII* étaient devenus les représentans de la République. Ils ne sont plus ; avec eux a disparu le fléau de la guerre, et l'olivier revient fleurir sur cette terre qu'ils allaient couvrir de sang et de décombres.

Français, quel doux et brillant avenir s'ouvre devant vous ! avec quelle joie vous embrassez l'image du bonheur qui s'offre à vos regards ! Vos vœux ne seront point déçus : la prospérité renaîtra ; l'industrie, le commerce se ranimeront ; mais il faut que la leçon du passé vous éclaire.

De mauvais choix vous ont amené sur le bord de l'abyme, et de mauvais choix ne pourraient désormais que rouvrir le précipice et vous y plonger.

À PARIS, DE L'IMPRIMERIE DE LA RÉPUBLIQUE.
Pluviôse an VI.